MW01104726

Pregunta esencial

¿Qué cambios en el medioambiente afectan a los seres vivos?

AMENAZA PARA LOS OCÉANOS

KEN BENN

INTRODUCCIÓN

¿Sabías qué casi tres cuartas partes de nuestro planeta están cubiertas de agua? Los ríos, lagos y océanos de la Tierra albergan muchos **organismos** vivos. Las algas son algunas de estas formas de vida más extendidas, que también incluyen plantas y animales.

Las algas son organismos sencillos parecidos a las plantas y están en todo el planeta. Su tamaño varía desde un **plancton** diminuto hasta enormes algas marinas de más de 200 pies de largo.

Muchas algas son inofensivas y no representan una amenaza para los seres humanos o el medioambiente, pero otras pueden ser mortales. Amenazan la vida humana y animal. Si su población crece mucho, crea en el océano zonas enormes donde nada más puede vivir.

Como todos los organismos vivos, las algas necesitan un ambiente favorable para sobrevivir. Sin embargo, cuando ese entorno se vuelve demasiado bueno, las algas prosperan y puede crear gigantescas "floraciones de algas".

Las floraciones de algas han ocurrido a lo largo de la historia. En muchas zonas ocurren de manera **estacional**. Sin embargo, algunos científicos están preocupados porque estas floraciones están sucediendo con más frecuencia, duran más tiempo y son notablemente más grandes. Los científicos se preocupan porque las floraciones de algas pueden tener un grave impacto en la **ecología** de los océanos, lagos y ríos.

Las floraciones de algas pueden cubrir muchas millas y amenazar la vida presente a lo largo de la costa.

CAPÍTULO 1 ¿QUÉ SON LAS ALGAS?

Las algas han existido desde hace mucho tiempo. Muchos científicos piensan que la evidencia fósil muestra que las algas han estado en la Tierra durante casi 2 mil millones de años.

La mayoría de las algas se encuentra en los océanos, las corrientes de agua dulce y en las aguas termales. Algunas algas verdes viven en condiciones húmedas sobre la tierra, tal como en troncos de árboles o en ladrillos. Aunque se han encontrado especies de algas en la arena del desierto.

Al igual que las plantas, las algas pueden tener una estructura simple o compleja. Pueden tener una o muchas células. El fitoplancton es una forma microscópica de alga que vive en el océano. El kelp es el alga más grande y puede crecer hasta una longitud de más de 200 pies.

Sin embargo, las algas no son plantas porque carecen de raíces, tallos y hojas.

Estas algas de agua dulce son muy pequeñas. Necesitas un microscopio para verlas.

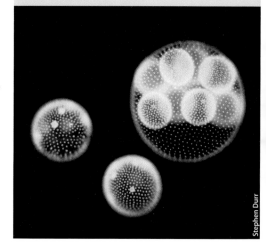

Stephen Durr

Las algas desempeñan un papel vital en la ecología de nuestro planeta. Son productoras dentro de la **red trófica**. Esto significa que otros organismos las comen, pero ellas no se comen a otros seres vivos.

Como las plantas, las algas hacen **fotosíntesis**, un proceso por el cual producen su propio alimento. Durante la fotosíntesis, las algas y plantas usan la energía del sol para producir alimento a partir de dióxido de carbono y agua. El oxígeno se produce como desecho de este proceso. El oxígeno que producen las plantas es la mayor parte del oxígeno que los seres humanos necesitan para respirar. Las plantas y los animales **acuáticos** usan el oxígeno que producen las algas.

Una relación en la que todos ganan

Algunas algas viven con otros organismos en una relación en la que todos se benefician. Esto se conoce como una relación simbiótica. Por ejemplo, algunas algas crecen dentro de esponjas marinas. La esponja toma el oxígeno y los nutrientes que producen las algas, y las algas están protegidas de los depredadores. ¡Ambos organismos ganan!

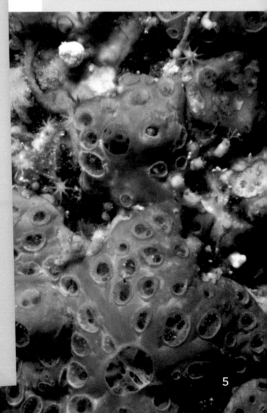

Esta alga roja y la esponja se benefician de su relación simbiótica.

Hay algas en casi todos los medios acuáticos. Por lo general, no las notamos cuando hay estabilidad en su entorno. Sin embargo, el **ecosistema** de un cuerpo de agua se puede volver inestable fácilmente. Un aumento de la temperatura del agua o más dióxido de carbono en el agua pueden producir un crecimiento rápido de la población de algas o una floración de algas. Durante una floración de algas, hay tantas algas en el agua que su apariencia cambia.

En 2010, una floración de algas, o "marea verde", cubrió 7,700 millas cuadradas frente a la costa este de China. Fue un serio peligro para la salud de las personas que vivían allí.

STR/AFP/Getty Images

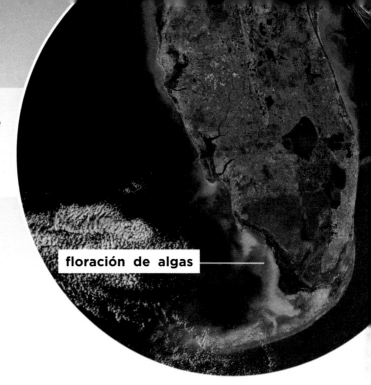

Un satélite tomó
esta fotografía de
una floración de
algas frente a la
costa de Florida.

floración de algas —————

Con frecuencia, una floración de algas hace que el agua se decolore. Ciertos tipos de algas parecen lodo que flota en la superficie.

Esto pasa cada año en muchas partes del mundo. Estas floraciones habituales duran uno o dos meses antes de desaparecer o retroceder. Sin embargo, variaciones inusuales en su entorno causan floraciones de algas anormalmente grandes. Enormes áreas del océano se ven afectadas, y son visibles desde los satélites. Estas "superfloraciones" pueden durar muchos meses. Una ocurrió en el mar Antártico en febrero de 2011, y otras se formaron frente a la costa de China y en el mar Báltico en 2010.

Jacques Descloitres, NASA Photo by Universal History Archive/Getty Images

CAPÍTULO 2

¿QUÉ CAUSA LAS FLORACIONES DE ALGAS?

Las algas necesitan **nutrientes**, dióxido de carbono, agua y luz del sol para crecer. Si la disponibilidad de cualquiera de estos cambia, entonces las poblaciones de algas también cambian. No siempre el cambio es gradual. A veces los cambios ambientales ocurren rápidamente, lo que significa que las poblaciones de algas también pueden aumentar o disminuir rápidamente.

Las floraciones de algas ocurren naturalmente. Por ejemplo, los cambios estacionales de las corrientes oceánicas hacen que el agua rica en nutrientes de las profundidades suba hacia la superficie. En la superficie, las algas prosperan debido a la nueva fuente de alimento; por tanto, se puede formar una floración.

El dióxido de carbono (CO_2) es abundante <u>en el océano</u> porque el mar funciona como una gran "esponja" de la atmósfera. Si hay exceso de CO_2 en la atmósfera, gran parte terminará en el océano. Un aumento de CO_2 en el océano puede causar una floración de algas.

Detective del lenguaje

El texto subrayado es un complemento circunstancial de lugar. Busca en el primer párrafo de esta página un complemento circunstancial de finalidad.

Los niveles de dióxido de carbono en la atmósfera se elevan por eventos naturales como la erupción de un volcán. También hay muchos sistemas volcánicos submarinos que bombean directamente CO_2 al océano.

Los cambios en la temperatura de la atmósfera también afectan la temperatura de los cuerpos de agua. Las colonias de algas responden al aumento de la temperatura del agua creciendo en cantidad. El agua cálida y los rayos del sol también ayudan a crear las condiciones ideales para una floración de algas.

La temperatura atmosférica cambia constantemente. Hay muchos eventos naturales que influyen en la temperatura global. La Tierra recibe su energía del sol. Las tormentas solares, o erupciones solares, liberan grandes cantidades inusuales de energía, o calor, a la Tierra.

Cuando los volcanes submarinos hacen erupción, liberan CO_2 en el océano y en la atmósfera.

Sin embargo, muchos científicos consideran que la actividad humana afecta significativamente la estabilidad del medioambiente. Creen que los seres humanos han influido en la frecuencia y la severidad de las floraciones de algas.

La evidencia sugiere que los niveles de CO_2 en la atmósfera han aumentado notablemente en los últimos 100 años. Probablemente, una de las causas humanas es el aumento de la quema de **combustibles fósiles**:

- para el transporte motorizado;

- para las fábricas y la industria;

- para las plantas de energía que generan electricidad.

Muchos países están introduciendo controles más estrictos para reducir la contaminación del aire que causa la industria.

James Jordan Photography/Flickr/Getty Images

Un aumento de la temperatura atmosférica, causada por la actividad humana o por eventos naturales, significa que los sistemas meteorológicos se vuelven más extremos. Esto genera inundaciones más fuertes. Los nutrientes de las tierras de cultivo muy **fertilizadas** llegan a las vías acuáticas cuando hay inundaciones. Las inundaciones también hacen que las alcantarillas se desborden y lleguen al océano materiales ricos en nutrientes. Como otros seres vivos, las algas necesitan nutrientes para crecer y un aumento exagerado crea las condiciones ideales para que se forme una floración.

¿Qué es el efecto invernadero?

La Tierra recibe casi toda su energía del sol. La energía debe regresar al espacio desde la Tierra, o el planeta se volverá cada vez más caliente.

Los gases invernadero, como el CO_2 y el vapor de agua, evitan que parte de la energía se irradie hacia el espacio. Esto hace que la atmósfera inferior y la superficie de la Tierra se vuelvan más calientes.

El efecto invernadero

parte de la energía escapa

parte de la energía se refleja

gases invernadero en la atmósfera

parte de la energía llega a la Tierra

parte de la energía reflejada regresa a la Tierra

fuentes de gases invernadero

CAPÍTULO 3

¿POR QUÉ NOS DEBERÍAMOS PREOCUPAR?

RIESGOS PARA LA SALUD

Algunas floraciones de algas son inofensivas para el ser humano y solo decoloran el agua. En el peor de los casos podrían afectar el turismo de las áreas costeras. Sin embargo, otras algas invaden a los crustáceos y afectan la salud humana. Comer alimentos del mar que han estado expuestos a una floración de algas tipo 'marea roja' puede ocasionar vómito severo, parálisis muscular, e incluso la muerte.

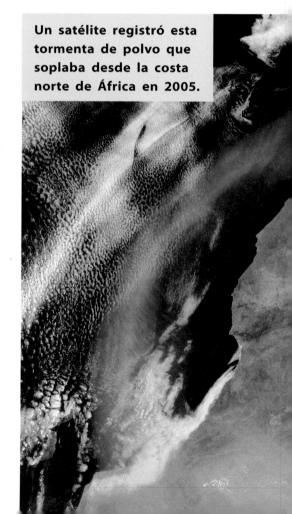

Un satélite registró esta tormenta de polvo que soplaba desde la costa norte de África en 2005.

NASA image by Jeff Schmaltz, MODIS Rapid Response Team, Goddard Space Flight Center

Los científicos saben que las tormentas de polvo en el desierto de Marruecos depositan grandes cantidades de hierro en el mar. Ellos creen que esto promueve el crecimiento de algas y un tipo de bacteria oceánica peligrosa llamada *Vibrio*. Si los humanos beben agua o comen alimentos del mar expuestos al *Vibrio*, pueden contraer enfermedades graves como el cólera.

La exposición ambiental a las toxinas que producen las floraciones también afectan a los humanos. Las personas que nadan en agua contaminada o respiran aire contaminado pueden sufrir irritación de ojos, nariz y garganta. También desarrollan dificultades respiratorias. Los científicos están estudiando la exposición ambiental para aprender más. Un estudio investiga sobre la salud de los salvavidas de Florida antes y después de un evento de floración.

Algunas algas también afectan la fauna y la flora.

Detective del lenguaje   Busca dos adverbios de tiempo en esta página.

David McNew/Getty Images News/Getty Images

ZONAS MUERTAS

Una floración de algas también cambia la ecología de una masa de agua. Algunas veces el cambio es tan grande que otras especies ya no pueden vivir allí. Las algas son de vida corta. A medida que mueren, se suman a la materia en descomposición. Incluso, una floración de algas extrema crea lo que se conoce como una "zona muerta".

Una zona muerta en un océano, lago o río es una área donde no hay vida. Algunas zonas muertas miden menos de 1 milla cuadrada. Sin embargo, hay una zona muerta en el Golfo de México del tamaño de Nueva Jersey.

Entonces, ¿cómo puede crear una floración de algas una zona muerta?

Zonas muertas alrededor del mundo
Hay más de 400 zonas muertas en los océanos del mundo.

Clave
- Zonas muertas (no están a escala real)

América del Norte

Europa

Asia

Océano Atlántico

África

Océano Pacífico

Océano Pacífico

América del Sur

Océano Índico

Australia

De día, las algas absorben dióxido de carbono y producen oxígeno. De noche, cuando no hay luz solar, consumen oxígeno para sobrevivir. Cuando mueren, consumen aún más oxígeno. Esto se debe a que mientras se pudren, las bacterias se alimentan de ellas y usan más oxígeno. Por consiguiente, el nivel de oxígeno del agua baja mucho.

Los peces son criaturas móviles. En el momento en que detectan que está bajando el nivel de oxígeno en el agua, se van. Sin embargo, los que están en el fondo y los crustáceos adheridos a las rocas del suelo **marino** no se pueden ir. Con el tiempo, estos animales se asfixian y esa área del océano o lago queda sin vida.

Algunos científicos sugieren que a medida que la atmósfera de la Tierra se calienta habrá un aumento en la cantidad de floraciones de algas. Si esto ocurre, habrá un aumento de las zonas marinas muertas.

Una floración de algas tóxicas mató decenas de miles de peces en este lago de Texas en el invierno de 2011.

CONCLUSIÓN

La ecología del planeta cambia constantemente. Un ecosistema en equilibrio se adapta a los cambios pequeños en su entorno. Sin embargo, la cantidad de organismos de ese ecosistema se puede volver inestable si el cambio es demasiado grande.

Las floraciones de algas ocurren cuando hay sobreabundancia de nutrientes o de dióxido de carbono en un lugar. También ocurren cuando hay un aumento de la temperatura. Cuando una floración se establece, cambia el entorno donde crece.

Un ecosistema en equilibrio se adapta a los cambios que sufre su entorno, como las variaciones diarias en la temperatura del agua.

Algunas floraciones son peligrosas para los seres humanos. La gente debe evitar comer alimentos del mar contaminados o tener contacto con las toxinas. Otras floraciones son inofensivas aunque se vean muy feas.

Las floraciones de algas ocurren desde hace mucho tiempo. Son parte natural de la ecología. Sin embargo, algunos científicos nos han advertido de la manera como los humanos afectan el ambiente. Creen que algunas de nuestras industrias y agricultura están calentando el planeta y agregando más nutrientes al agua. Sugieren que la actividad humana crea condiciones que generan floraciones de algas.

Debemos encargarnos de mantener los ecosistemas de la Tierra en equilibrio, para reducir en el futuro los efectos dañinos de las floraciones de algas.

Cuando las alcantarillas desaguan en el océano, agregan nutrientes al ecosistema marino.

Respuesta a la lectura

Resumir

Usa detalles clave de *Amenaza para los océanos* para resumir lo que aprendiste acerca de las floraciones de algas. Usa el organizador gráfico como ayuda.

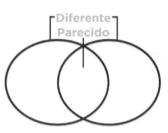

Evidencia en el texto

1. ¿Cómo te ayudan las características del texto en la página 5 a identificarlo como un texto expositivo? ¿Cómo te ayudan a entender la información? GÉNERO

2. ¿En qué se parecen y en qué se diferencian las algas y las plantas? ¿Qué palabras clave usa el autor para hacer esta comparación en las páginas 4 y 5? COMPARAR Y CONTRASTAR

3. ¿Qué significa la palabra *estructura* en la página 4? Usa claves de contexto en el párrafo para entender el significado. CLAVES EN EL PÁRRAFO

4. Compara un cuerpo de agua antes y durante una floración de algas. Asegúrate de incluir detalles del texto en tu respuesta. ESCRIBIR SOBRE LA LECTURA

Compara los textos

Lee acerca de cómo una enorme cantidad de basura afecta la vida en el océano.

Basura a la deriva

¿Disfrutas nadar en la piscina de tu vecindario? ¿Qué tal si alguien vacía un cubo de basura en el agua? ¡Probablemente no querrás ir a nadar!

Sin embargo, eso es lo que hacen las personas a diario. Arrojan su basura en el mar donde nadan los peces y los mamíferos marinos.

Expediciones de inspección entre California y Hawái han investigado la basura que flota en el océano. La mayor parte es plástico. No toda la basura flota junta, pero si la juntáramos, los montones de redes, flotadores de pesca y otros desechos ¡cubrirían dos veces el estado de Texas!

Las corrientes oceánicas recogen millones de toneladas de la basura plástica del mundo.

19

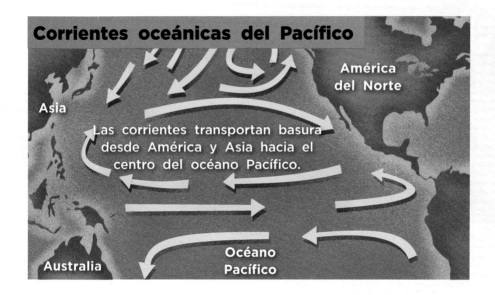

Corrientes oceánicas del Pacífico

América del Norte

Asia

Las corrientes transportan basura desde América y Asia hacia el centro del océano Pacífico.

Australia

Océano Pacífico

Esta basura a la deriva en el océano Pacífico no proviene de un solo lugar. Las corrientes oceánicas la traen a esta región desde todo el Pacífico.

En el mundo se producen aproximadamente 260 millones de toneladas de plástico cada año. Se estima que cerca del diez por ciento termina en el océano. Se han encontrado desde barriles grandes hasta pequeños confetis. Actualmente, los biólogos marinos están investigando el impacto que tiene este plástico en la vida marina. Los peces y las aves a menudo lo confunden con comida, y muchos mueren al tragárselo.

No siempre es el plástico mismo el que causa daño a los animales. Las bacterias y los residuos químicos que quedan en los recipientes o envolturas también hacen daño a los animales marinos.

Es difícil retirar la basura del océano. Muchos métodos que se usan para recogerla pueden causar daño a la misma vida marina que las personas están tratando de ayudar. Por ejemplo, peces y cangrejos pequeños convierten un vaso de polietileno en su hogar. Si las personas usan una red para retirar la basura del fondo oceánico, recogerán el vaso de polietileno y matarán a los animales que vivan en su interior.

Los investigadores han podido estimar el volumen de basura que flota en el océano. También investigan el efecto que la basura está teniendo en la vida marina de la superficie oceánica. Sin embargo, el fondo oceánico es un misterio. Se desconoce la cantidad de basura que hay allí. El impacto que esa basura está teniendo

Los mamíferos marinos y las aves se enredan en la basura y se ahogan.

también es en gran parte desconocido. Aún hay mucho por aprender acerca de los ecosistemas oceánicos.

Haz conexiones

¿Cómo afecta a los seres vivos la basura que flota en el océano? PREGUNTA ESENCIAL

¿En qué se parece la basura de *Basura a la deriva* a las floraciones de algas en *Amenaza para los océanos*? ¿En que se diferencia? EL TEXTO Y OTROS TEXTOS

Glosario

acuático que crece o vive en el agua *(página 5)*

combustible fósil combustible, como carbón, petróleo y gas, que se formó cuando se pudrieron animales y plantas antiguos *(página 10)*

ecología estudio de cómo los seres vivos interactúan con su entorno *(página 3)*

ecosistema relación entre los seres vivos, como plantas y animales, y el entorno físico donde viven *(página 6)*

estacional relacionado con una estación en particular: invierno, verano, otoño o primavera *(página 3)*

fertilizado que se le ha aplicado abono o químicos para que crezca más rápido *(página 11)*

fotosíntesis proceso por el cual plantas y organismos parecidos a estas producen su propio alimento, usando la energía del sol para transformar el agua y el dióxido de carbono en alimento *(página 5)*

marino relacionado con el mar *(página 15)*

nutriente sustancia que ayuda al crecimiento de las plantas y los animales; alimento *(página 8)*

organismo ser vivo como plantas, animales y algas *(página 2)*

plancton plantas y animales diminutos que viven en el océano *(página 2)*

red trófica los cambios de energía que dentro de un ecosistema unen a las plantas y los animales en cadenas alimentarias *(página 5)*

Índice

Enfoque:
Ciencias

Propósito Mostrar cómo las floraciones de algas afectan a otros seres vivos

Procedimiento

Paso 1 Con un compañero o una compañera, investiga y haz una lista de las causas y los efectos de varios tipos de floraciones de algas.

Paso 2 Selecciona un tipo de floración de algas que quieras ilustrar.

Paso 3 Haz un cartel que ilustre la floración de algas que elegiste. Muestra las causas y los efectos de la floración. Sé creativo e incluye muchos detalles en tu ilustración. Usa características como rótulos.

Paso 4 Presenta tu cartel a la clase.

Conclusión ¿Qué aprendiste sobre cómo los seres humanos causan un impacto en los océanos? ¿Qué pueden hacer las personas para evitar que ocurran floraciones de algas en el futuro? ¿Qué tipo de cambios puedes hacer en casa que tengan un impacto positivo en la buena salud de los océanos?